Erstlesebuch 1. Klasse

Anna, die Meeresforscherin

Spannende Unterwasserabenteuer

zum Lesenlernen für Mädchen ab 6 Jahren

Erstlesebuch Mädchen 1. Klasse

Elisa Sommer

Thier Media

Unser gesamtes lieferbares Programm und weitere Informationen zu unseren Büchern und unserem Verlag findest du auf unserer Webseite und in den sozialen Netzwerken.

✉ info@thier-media.de

⊙ @thier_media

f @Thier Media Verlag

⊕ www.thier-media.de

Copyright @ 2022, Thier Media GbR
Wenneberg 14, 48653 Coesfeld
Vertreten durch Fabian und Julian Thier
Alle Rechte vorbehalten
Titel: Anna die Meeresforscherin
Erste Auflage: August 2022
Aktuelle Auflage: August 2022
ISBN 978-3-98876-000-5

Geschichten: Elisa Sommer
Umschlagsillustrationen: Nikhila Anil
Textillustrationen: M.W. Khoirul
Mitwirkende: Claudia Schulz
Konzeption: Thier Media GbR
Umschlagsgestaltung: Julian Thier
Layout und Satz: Fabian Thier
Druck und Bindung: Amazon Logistics
Druck in Leipzig (DE) und Breslau (PL)

Bilddatenbanken
https://www.canva.com
https://www.pexels.com
https://www.pixabay.com

Es begann mit Muscheln

Heute war der erste Urlaubstag von Anna und ihrer Familie. Gestern Abend waren sie in Australien gelandet. Heute hatten sie lange ausgeschlafen. Nach dem Mittagessen ging Anna direkt zum

Strand. Sie trug einen lilafarbenen Schwimmanzug und nagelneue pinke Schwimmflossen. Sie hatte eine gelbe Tauchermaske auf der Stirn, zu der noch ein pinker Schnorchel gehörte.

Ihre langen blonden Haare hatte sie zu einem Zopf zusammengebunden. Unter ihrem Arm klemmte ein kleines Surf-brett. Entschlossen setzte Anna einen Fuß vor den anderen. Sie hatte alles, was sie benötigte. Anna war bereit.

Ein weiterer Schritt folgte. Mit jedem Satz nach vorne näherte sie sich ihrem Ziel: Dem Meer. Heute war der erste Strandtag und Anna hatte eine Mission.

Sie hat den großen Traum, eines Tages eine richtige Meeresforscherin zu werden. Opa Antonio sagte gestern Morgen beim Frühstück: „Wenn du in

Australien damit anfängst, dann kannst du es bestimmt schaffen." Anna dachte: „Wenn ich bereits heute damit beginne, das Meeresleben zu erforschen, dann

habe ich gute Chancen, eine Meeresforscherin zu werden." Bevor Anna weiter ging, hob sie eine blaue, große Muschel vom Boden auf. Lächelnd wusch sie den nassen Sand von ihr ab und hielt sie sich an ihr Ohr.

Sie dachte daran, wie ihre Mutter ihr einst erzählte, dass man nur eine Muschel braucht, um das Meer zu hören. Egal wo man ist.

Man hält sie einfach an sein Ohr und schon hört man das Meeresrauschen. So begann wohl ihre Liebe zum Meer. Anna war damals fasziniert: „Ich kann das Rauschen des Meeres in der

Muschel hören?" Sie lauschte dem Meeresrauschen noch etwas, dann nahm sie die blaue Muschel wieder vom Ohr. Ihre Mutter hatte ihr für ihre

Muschel-Sammlungen eine kleine Tasche in den Badeanzug eingenäht. Anna steckte die Muschel in die kleine Tasche und trat voller Vorfreude den

nächsten Schritt ins offene Meer. Sie war sich sicher: „Eines Tages werde ich eine richtige Meeresforscherin sein!"

Fragen zur Geschichte

Welchen Traum hat Anna?

a) Sie möchte Meeresforscherin werden

b) Sie möchte tausend Muscheln haben

c) Sie möchte die höchste Sandburg bauen

Was klemmte unter ihrem Arm?

a) Ein kleines Fischernetz

b) Ein kleines Surfbrett

c) Ein kleiner Tauchring

Welche Farbe hatte die Muschel?

a) Gelb

b) Rot

c) Blau

Was krabbelt denn da?

An diesem Morgen hatte sich Anna gleich nach dem Frühstück auf den Weg zum Strand gemacht. Das Wetter war aber nicht ganz so schön. Hier und da fielen ein paar Regentropfen aus den grauen Wolken, die vereinzelt den Himmel bedeckten. Doch das hinderte sie nicht daran, ihren ersten, ganzen Tag am Meer zu verbringen.

„So ein Pech", dachte Anna. „Mein erster vollständiger Tag am Meer und es regnet." Frustriert holte sie mit dem rechten Fuß aus, um einen roten Stein über den Sand zu kicken. Doch bevor sie ihn traf, geschah etwas Seltsames.

Der rote Stein schien sich zu bewegen. Fasziniert ging Anna in die Hocke. Gespannt beobachtete sie das Treiben. Der Stein bewegte sich etwas in die Höhe. Dann traten dünne, rote Beinchen hervor. Erst dann erkannte Anna, was dort vor ihr lag. Eine Krabbe! Und noch dazu eine so hübsche. Erfreut beugte sie sich etwas tiefer hinunter. „Hallo

Herr Krabbe", begrüßte sie das kleine Schalentier. Die Krabbe sprang erschrocken auf und setzte sich in Bewegung Richtung Wasser. Dies gefiel

Anna sehr, denn die Krabbe lief hierbei komplett seitlich. Anna entschloss sich dazu, ihr diese lustige Gangart nachzumachen. Gemeinsam bewegten sie sich seitlich auf das Wasser zu.

Anna stellte sich ihre Bewegungen dabei so urkomisch vor, dass sie nicht anders konnte, als laut zu lachen. Noch bevor die Krabbe ihr erstes Beinchen ins Wasser setzte, hielt Anna sich vor Lachen den Bauch.

„Mach es gut, kleine Krabbe", verabschiedete sie das rote Wesen. „Und pass gut auf dich auf!" Mit einer ihrer kleinen Scheren schnippend, versank die Krabbe im Wasser. Einige Zeit sah Anna ihr noch nach, während sie im feuchten Sand am Übergang von Strand zu Meer saß. Kurz danach

kamen auch Mama und Papa an den Strand gelaufen. Aufgeregt erzählte Anna von ihrem Treffen mit der kleinen Krabbe. Selbstverständlich zeigte sie ihnen auch die lustige Gangart. Anna dachte an diesem Tag noch lange darüber nach, wie faszinierend selbst diese Meeresbewohner waren.

Fragen zur Geschichte

Welche Farbe hatte die Krabbe?

a) Blau

b) Grün

c) Rot

Wie war das Wetter?

a) Sonnig

b) Bewölkt

c) Eiskalt

Womit verwechselte Anna die Krabbe?

a) Mit einer Muschel

b) Mit einem Stein

c) Mit einem Seestern

Alte Freunde, neue Freunde

Anna hob den rechten Daumen in die Luft. Ihr Gesicht war von ihrer Tauchermaske bedeckt. Auch der Schnorchel war an Ort und Stelle. Für den heutigen Tag hatte Papa ihr

versprochen, den ersten Schnorchel-
ausflug zu unternehmen. Beinahe hatte
Anna kein Auge zugetan, weil sie so
aufgeregt war. Endlich war es so weit.

Schon den dritten Tag waren sie hier
und heute war wieder richtig schönes
Wetter. Gemeinsam liefen sie ins
Wasser. Es war sehr warm an diesem
Tag. Doch das Meer bot eine
willkommene Abkühlung.

Bereits nach wenigen Metern verlor
Anna den Boden unter den Füßen und
begann zu schwimmen und zu tauchen.
Unter ihr befand sich ein kunterbuntes
Treiben aus Korallen, Riffen, Fischen,

Krabben und Seesternen. Begeistert tauchte sie ein wenig tiefer, als sie etwas bemerkte. In einem kleinen Spalt des Riffs glitzerte etwas. Neugierig

schwamm sie näher heran. Tatsächlich. Dort schien sich eine alte, angerostete Dose aus Metall zu befinden. Schon früh hatte Anna mitbekommen, dass viel Müll im Meer landet. Das war sehr gefährlich für die Tiere. Entschlossen streckte sie ihre Hand nach der Dose aus, als diese sich plötzlich bewegte.

Waren das Augen, die sie da ansahen? Erschrocken zog sie die Hand schnell zurück. Im selben Moment schoss ein blaues Wesen aus der Dose hervor. Anna wollte schreien. Doch bevor die Blubberblasen aus ihrem Mund kamen, sah sie, was da auf sie zu schwamm.

Sie kannte diese Art von Fisch. Das blaue Muster erinnerte sie an Fische aus Filmen, die sie mal gesehen hatte. Schon damals war sie von den schönen

Farben fasziniert gewesen. Vorsichtig schwamm sie ein wenig näher. Nun schien auch der gelb-blaue Fisch neugierig geworden zu sein. Noch

einmal griff Anna nach der Dose, was den Fisch erneut in Aufregung versetzte. Wohnte er etwa in dieser Dose? Sie griff nach ein paar Steinen und etwas Grünzeug und legte die Sachen an die Stelle, wo die Dose lag. Dann zog sie die Dose weg und baute ein kleines Haus aus Steinen und Pflanzen. Wie zur Bestätigung schwamm der hübsche Fisch in seine neue Wohnung. Am Abend entsorgte Anna die Dose in einem Mülleimer und dachte dabei lächelnd an ihren neuen Freund.

Fragen zur Geschichte

Was findet Anna im Riff?

a) Eine alte Dose

b) Eine alte Pfanne

c) Eine alte Tüte

Wovor erschrickt Anna?

a) Vor einem Hai

b) Vor einem blau-gelben Fisch

c) Vor ihrem Papa

Woraus baut Anna ein Haus?

a) Aus einer Seerose

b) Aus einer großen Muschel

c) Aus Steinen und Grünzeug

Krokodil-Land

Der folgende Tag war etwas kühler als angenommen. Deshalb hielten es Mama und Papa für eine gute Idee, einen spannenden Ausflug zu machen. Selbstverständlich nicht weit vom

Wasser entfernt. Dies musste Mama versprechen. Mit einem Rucksack voll Wasser und Snacks auf dem Rücken fuhren sie einige Zeit auf Fahrrädern zu ihrem Ziel.

Anna wusste nicht, wo es hingehen würde. „Das ist ein Geheimnis", sagte ihr Papa. Bald bogen sie in einen Park ein. Überall waren Hinweisschilder, die unterschiedliche Bilder von Krokodilen zeigten.

Annas Augen wurden groß. „Wir sehen uns echte Krokodile an!", rief sie aufgeregt. „Ja, genau!", rief Mama lachend. „Wie wir es dir versprochen hatten", erklärte Papa. Gemeinsam stellten sie die Fahrräder ab und liefen in den Park hinein. Überall gab es große eingezäunte Flächen, auf denen

sich viele Krokodile sonnten. Ihre Münder waren weit geöffnet. Anna lernte, dass sie dies taten, um sich abzukühlen. Bis zu 6 Meter konnten die

Tiere groß werden. Doch ihr Gewicht fand Anna noch erstaunlicher. Ganze 800 Kilogramm konnte ein großes ausgewachsenes Krokodil wiegen. Doch was sie als nächstes erfuhr war noch unglaublicher.

„Krokodile sind Dinos?", fragte Anna, nachdem sie das Schild neben einem der riesigen Terrarien gelesen hatte. Krokodile gab es schon vor 200 Millionen Jahren. Die Zahl ließ Annas Faszination noch mehr steigen.

Gespannt sah sie sich die Krokodile weiter an, als ihr plötzlich etwas auffiel. Nur wenige Meter von ihr entfernt

schien sich etwas auf sie zuzubewegen.
Es war klein und konnte eigentlich kein
Krokodil sein. „Seht euch das nur an!",
rief sie aufgeregt. Ein kleines, grün-

graues Baby-Krokodil kam auf sie
zugelaufen. Das kleine Krokodil lief auf
Anna zu. Erschrocken wich Anna etwas
zurück. Das kleine Krokodil kam ganz

nah an die Scheibe heran und schaute Anna neugierig an. Es schien fast so, als wollte es Anna und ihre Eltern begrüßen. Als das Krokodil wieder umkehrte und zurück zu seiner Mutter lief, mussten Anna und ihre Eltern sehr über diesen schönen Zwischenfall lachen.

Fragen zur Geschichte

Wie schwer kann ein Krokodil werden?

a) 100 Kilogramm

b) 800 Kilogramm

c) 400 Kilogramm

Seit wann gibt es Krokodile?

a) Seit 50 Millionen Jahren

b) Seit 100 Millionen Jahren

c) Seit 200 Millionen Jahren

Wer kam ganz nah an die Scheibe?

a) Das große Krokodil

b) Das rote Krokodil

c) Das kleine Krokodil

Schnabeltier in Not

„Wann sind wir endlich da?", fragte Anna von der Rückbank des Autos. Sie fuhren schon eine ganze Weile. Wohin sie unterwegs waren? Nun, heute stand ein besonderer Ausflug auf dem Plan.

Anna freute sich schon lange auf diesen Tag. Und genau deshalb war sie sehr aufgeregt. Denn sie fuhren in den Osten Australiens. Wieso ausgerechnet hier hin? Anna hoffte, hier ein echtes Schnabeltier sehen zu können.

Schnabeltiere zählten zu ihren liebsten Tieren. Ihre lustigen Schnäbel und die niedlichen Flossen machten sie zu Annas Lieblingen.

Beinahe waren sie an ihrem Ziel angekommen, als ihr Papa plötzlich auf die Bremse des Autos trat. Mit einem heftigen Ruck wurde Anna in ihren Gurt gedrückt. Einige Sekunden war es still im Auto. „Geht es dir gut, mein Schatz?", fragte ihre Mutter besorgt. Papa hatte bereits die Türe des Autos geöffnet und war nach hinten

gekommen, um nach ihr zu sehen. „Wieso hast du das gemacht, Papa?", fragte sie verwirrt. Ihr Vater lachte erleichtert auf. Außer einem kleinen

Schrecken ging es Anna sehr gut. Doch was sollte diese Bremsung? „Kommt mit, ich glaube, da braucht jemand unsere Hilfe", antwortete ihr Vater. Und als sie gemeinsam aus dem Auto stiegen, sah Anna es auch.

Nicht einmal zwei Meter vom Straßenrand entfernt, befand sich ein kleiner, matschiger Tümpel. Das, was sich neben ihm befand, war jedoch viel wichtiger.

Zwei Schnabeltiere saßen dort, eines lief aufgeregt auf und ab und gab trötende Geräusche von sich. Das andere Tier bewegte sich kaum. Nur als sie sich langsam näherten, hob es den Kopf. „Meinst du, es geht ihm gut, Papa?", fragte Anna besorgt. Ihr Vater drückte seine Hand auf ihre Schulter

und sagte: „Ich glaube, dass eines der Schnabeltiere krank ist, mein Schatz. Wir bringen am besten beide zum Tierarzt." Er holte zwei Badehandtücher aus dem Auto und wickelte je ein Schnabeltier darin ein. Es dauerte nicht lange, bis sie eine Tierärztin fanden, die die beiden Schnabeltiere dankbar aufnahm. Die freundliche Ärztin versicherte ihnen, dass es beiden bald wieder gut gehen würde. Und Anna würde nie vergessen, wie nahe sie ihrem Lieblingstier an diesem Tag kommen konnte.

Fragen zur Geschichte

Wohin fahren Anna und ihre Eltern?

a) In den Osten Australiens

b) In den Süden Australiens

c) In den Norden Australiens

Welche Tiere möchte Anna sehen?

a) Krokodile

b) Kängurus

c) Schnabeltiere

Wieso musste das Tier zum Arzt?

a) Es hatte sich den Schnabel eingeklemmt

b) Es hatte sich die Schwimmflosse verletzt

c) Es schien krank und schwach zu sein

Wasserringe

Heute schwamm Anna durch eine ihrer
liebsten Stellen im Riff. Hier war sie
bereits mit ihrem Vater gewesen. Das
Wasser war hier besonders klar und die
Vielfalt der Meeresbewohner war

beeindruckend. Ein scheuer Oktopus zählte zu ihren Lieblingen. Aber auch die unzähligen Seepferdchen und Clownfische mochte sie sehr gerne.

Auch der „Dosen-Fisch", wie sie ihn genannt hatte, schien in seinem neuen Zuhause sehr glücklich zu sein. Bei ihrem letzten Tauchgang mit Papa war ihr etwas hinter einem Riff aufgefallen. Hier traten nach und nach immer kreisrunde Wasserringe auf.

Und heute wollte sie die Wasserringe erkunden. Nachdem sie sichergestellt hatte, dass es all ihren Freunden gut ging, schwamm sie zu der Stelle mit den Wasserringen. Genau in diesem Moment bildeten sich wieder diese Wasserringe hinter dem Riff. Sie waren so groß, dass sie nur von einem großen

Tier oder einem Menschen sein konnten. Anna schwamm weiter auf das Ende des Riffs und die Luftblasen zu. Sie atmete kräftig aus und stieß selbst

Luftblasen aus ihrem Mund hinaus. Und damit schien sie ein Wesen hinter dem Riff neugierig gemacht zu haben. Es wurden immer mehr Luftblasen. Das Wesen schien näher zu kommen.

Und plötzlich schwamm ein dunkler Schatten hinter dem Riff hervor. Anna geriet in Panik. Sie sah eine spitze Rückenflosse und setzte sofort zur Flucht an. Doch dann hörte sie ein lautes hohes Pfeifen und ein Klicken.

Was sie zuerst für einen Hai hielt, war tatsächlich ein süßer Delfin. Und dieser bewegte sich nun freundlich klickend auf sie zu. Dabei stieß er weitere

Luftblasen aus. Unsicher schwamm Anna etwas näher heran. Sie wusste, dass Delfine freundlich waren. Doch sie wusste ebenfalls, dass es sehr starke

Tiere waren. Sie wollte dem neugierigen und freundlichen Delfin mit ausreichend Respekt begegnen. Sein Klicken wurde aufgeregter und freudig stieß er einen

großen Wasserring hervor. Gemeinsam schwammen sie zur Oberfläche und holten einen tiefen Atemzug. Dann schwammen sie noch ein bisschen zusammen durch das Riff. Was für ein schönes Erlebnis.

Fragen zur Geschichte

Was tat Anna heute?

a) Sie ging angeln

b) Sie ging schnorcheln

c) Sie ging spielen

Welcher Riffbewohner ist ihr Liebling?

a) Der scheue Oktopus

b) Der giftige Kugelfisch

c) Die freche Krabbe

Was traf Anna am Rande des Riffs?

a) Einen großen Tintenfisch

b) Einen gefährlichen Hai

c) Einen freundlichen Delfin

Der verlorene Fisch

Es war schon Abend, als Anna und ihre
Mama an diesem Tag zu einer letzten
Schnorchel-Runde ins Meer gingen.
Das Wasser war nach dem sehr heißen
Tag angenehm kühl. Zudem hatte Anna

heute Nachmittag eine Überraschung bekommen. Eine neue, professionelle Tauchermaske. Das war ein Geschenk von Mama und Papa.

Ihr Geburtstag war zwar erst in ein paar Wochen. Doch Mama und Papa hatten entschieden, dass sie die Maske schon jetzt im Tauchurlaub bekommen sollte. Das Besondere an dieser Maske war, dass sie es ermöglichte, für eine gewisse Zeit unter Wasser zu atmen.

Dies freute Anna so sehr, dass sie noch einmal ins Wasser wollte, um die neue Maske auszuprobieren. Nachdem sie etwas unter Wasser geschwommen war, nahm sie den ersten Luftzug und schwamm etwas tiefer. Zwischen den vielen und wunderschönen Korallen und Anemonen entdeckte sie einige süße,

kleine Clownfische. Die hübschen, orange und weiß gestreiften, kleinen Meeresbewohner bewegten sich sehr schnell. Sie schwammen in schnellen, ruckartigen Bewegungen um Anna herum. Als Anna gerade wieder hoch schwimmen wollte, winkte ihre Mutter sie zu sich. Auch sie hatte eine der neuen Tauchmasken auf.

Als Anna bei ihr ankam, hielt sie einen kleinen Fisch in ihrer Hand. Es war ein Clownfisch. Doch war dieser hier ungewöhnlich klein. Besorgt sah sie ihre Mutter an.

Diese deutete mit einer Hand, dass sie hoch schwimmen sollten. Den kleinen Fisch nahmen sie mit. Oben angekommen, erklärte sie Anna ihre Sorge. „Der kleine Fisch scheint einen

Draht an der Flosse zu haben." Anna
hatte es zuvor nicht bemerkt, doch dann
sah sie den Draht auch. Sehr fein und
dünn war der Draht. Anna streckte

vorsichtig ihre kleinen Finger nach dem
Fisch aus. Langsam begann sie den
dünnen Draht von seiner Flosse zu
lösen. Mit jeder gelösten Runde wurde

der Fisch in Mamas Hand etwas munterer. Um sicherzugehen, dass er es heile nach Hause schaffte, entschlossen sie sich, ihn selbst zurückzubringen. Und so tauchten sie noch einmal ab und ließen den kleinen Fisch vor einer Anemone voller weiterer Clownfische frei.

Fragen zur Geschichte

Was bekam Anna von ihren Eltern?

a) Einen neuen Badeanzug

b) Eine neue Tauchermaske

c) Eine neue Halskette

Welches Tier war in Not?

a) Eine dicke Robbe

b) Eine große Schildkröte

c) Ein kleiner Clownfisch

Wo setzten sie den Fisch wieder ab?

a) Vor einem Stein

b) Vor einem Schneckenhaus

c) Vor einer Anemone

Seepferdchen-Rennen

Anna hatte bereits viel Zeit, um mit ihrer neuen Tauchmaske das Tauchen zu üben. Bald war sie so gut, dass sie genau wusste, wann sie wieder an die Oberfläche schwimmen musste. Und so kam ihr eine hervorragende Idee. Sie hatte zuvor einige Seepferdchen in den Riffen beobachtet. Ganz zu ihrem Erstaunen schienen diese besonders viel Spaß an Wettschwimmen zu haben.

Dies amüsierte Anna sehr, denn auch sie liebte Wettkämpfe. Und so hoffte sie, heute an einem solchen Rennen teilnehmen zu können.

Natürlich war ihr bewusst, dass die Seepferdchen Angst vor ihr haben könnten. Doch hierfür hatte sie vorgesorgt. Als sie ins Wasser rannte und untertauchte, fand sie die See-pferdchen schnell. Und sie sah abermals bei einem ihrer kleinen Rennen zu. Wie von der Tarantel gestochen, sausten sie blitzschnell durch das Wasser, bis sie an einer

besonders farbenfrohen Koralle angekommen waren. Hier schien eine Art Ziellinie für sie zu existieren. Als Anna vorsichtig hinter ihrem Versteck hervor schwamm, wollten die Seepferdchen schnell fliehen. Doch Anna war schneller. Sofort griff sie in die kleine Tasche ihres Badeanzugs und ließ etwas von dem Fischfutter, welches sie besorgt hatte, durch das Wasser gleiten.

Neugierig traten die Tiere hervor. Als das erste Seepferdchen eines der Futterbrocken probierte, fassten auch die anderen Vertrauen und näherten sich langsam.

Nach und nach ließ Anna mehr Krümel in das Wasser fallen. Von hier an dauerte es nicht mehr lange, bis die

Seepferdchen sie umzingelten. Als einige ihr Rennen wieder aufnahmen, gesellte sich Anna zu ihnen. Zuerst schienen die schnellen Tiere nicht ganz

zu verstehen, was das Mädchen in dem Schwimmanzug wohl vorhatte. Doch als sie unbeirrt ihr Rennen begannen und Anna mit ihnen mithalten konnte, schienen sie überzeugt. Sie legten noch einige, gemeinsame Rennen zurück. Und obwohl Anna eine sehr gute Schwimmerin war, schaffte sie es nicht, eins der Rennen zu gewinnen. Glücklich über ihre neuen Freunde war sie dennoch.

Fragen zur Geschichte

Was hatte Anna heute vor?

a) Mit den Robben schwimmen

b) Mit den Seepferdchen schwimmen

c) Mit den Haien schwimmen

Was hatte Anna mitgebracht?

a) Fischfutter

b) Nudeln

c) Schokolade

Wie viele Rennen gewann Anna?

a) Alle

b) Eins

c) Keins

Ein bunter Zeitgenosse

Anna war schon einige Zeit durch das Riff geschwommen, als sie überlegte wieder aufzutauchen und eine Pause einzulegen. Mama und Papa hatten schon damit begonnen, Witze über sie zu machen. Egal, wie oft sie dort unten war, sie konnte niemals genug kriegen. Doch nun konnte Anna sehen, wie die Sonne langsam hinter dem Meer verschwand.

Mama und Papa lagen jedoch weiterhin am Strand. „Nur noch eine kleine Runde", rief sie. Schnell zog sie die Tauchermaske wieder auf und tauchte erneut unter.

Aber so schnell sie unter Wasser war, so schnell tauchte sie auch wieder auf. Irgendetwas war da doch? War dort nicht eben etwas blitzschnell an ihr vorbei gehuscht? Anna dachte nach.

Alle gefährlichen Tiere dieser Größe rasten durch ihren Kopf. Doch keines konnte sich so fix bewegen wie der Schatten, der eben ganz sicher an ihr

vorbei geschwommen war. Anna nahm all ihren Mut zusammen und tauchte erneut ab. Vor ihr lag das Riff. Seine Farben wirkten in der schimmernden

Abendsonne noch schöner als sonst. Und während sie die Augen offenhielt, geschah es erneut. In einem Wirbel von Wasser schwamm etwas ganz nah an ihr vorbei. Doch als sie sich umdrehte, war es erneut verschwunden.

Oder, vielleicht doch nicht? Anna begann zu lächeln, als sie sich näher auf eine bunte Stelle im Riff zubewegte. Kleine, beinahe nicht wahrnehmbare Bewegungen waren dort zu sehen.

Und als sie dann ein Paar dunkle, schlitzförmige Augen ansahen, wusste sie welches Tier es war. Es war der scheue Oktopus. Zu ihrer Überraschung kam der scheue Oktopus aus seinem Versteck hervor. Auf seiner Haut änderte sich sein Muster augenblicklich. Fasziniert sah Anna zu, wie das scheue

Tier näherkam. Mit einem der langen Tentakel betastete der Oktopus ihre ausgestreckte Hand. Dann nahm der Tentakel sogar ihre Hautfarbe an. Anna

lachte und es blubberte aus ihrer Maske. Dies schien ihrer farbenfrohen Bekanntschaft sehr zu gefallen. Sie blieb noch ein wenig und beobachtete den Oktopus dabei, wie er sich in ein neues Versteck zurückzog. Dann tauchte sie wieder auf. Was für ein schöner letzter Tauchgang des Tages.

Fragen zur Geschichte

Welche Farbe hat ein Oktopus?

a) Er ist immer knallrot

b) Er ist immer dunkelblau

c) Er ändert seine Farbe je nach Umgebung

Die Arme von Oktopussen werden...

a) Tentakeln genannt

b) Schlangen genannt

c) Aale genannt

Wann traf Anna auf den Oktopus?

a) Zur Mittagszeit

b) Beim Sonnenaufgang

c) Beim Sonnenuntergang

Von Panzern und Kröten

Anna trampelte müde auf ihrem Fahrrad. Seit beinahe einer Stunde waren sie schon unterwegs. Sie wollte nichts sehnlicher, als ihre Tauchmaske aufzusetzen und für einige Zeit abzutauchen. Doch Mama und Papa hatten andere Pläne. Und auch, wenn sie versprachen, dass es ihr gefallen würde, glaubte sie noch nicht daran.

„Ist es denn wenigstens im Meer?", fragte sie ungeduldig. „So in etwa mein Schatz", antwortete Papa. Mehr verriet er nicht. Nach weiteren 10 Minuten gelangten sie endlich an einen Strand.

Das angrenzende Wasser war tiefblau und kristallklar. Und als Anna sah, was sich dort im Sand tummelte, wurde sie ganz aufgeregt. „Schildkröten!", rief sie aufgeregt. Schnell war sie von ihrem Rad gesprungen. Während sie lief, kramte sie ihre Maske aus ihrem Rucksack. Als sie sich den Schildkröten näherte, blieb sie etwa einen Meter von ihnen entfernt stehen. Fasziniert sah sie

die großen, harten Panzer der Tiere an. „Das ist unglaublich", flüsterte sie begeistert. „Das ist eine sehr alte Schildkröte", informierte sie ihre Mama und Papa, welche sich nun zu ihr gesellten. Anna lief etwas um das Tier herum und betrachtete es von allen Seiten. Dann fiel ihr Blick auf das Wasser. „Darf ich ins Wasser gehen, bitte?", fragte sie aufgeregt.

Mama und Papa setzten ebenfalls ihre Masken auf. Schnell waren alle drei im Meer. Erstaunt über die Zutraulichkeit der Schildkröten schwammen sie mit diesen in die Nähe eines weiteren Riffs.

Anna war beeindruckt, wie elegant sie sich durchs Wasser bewegten. Eine der putzigen Schildkröten fand Interesse an Annas Tauchermaske und schwamm besonders nahe an sie heran. Anna blieb ruhig und sah der neugierigen Schildkröte in die Augen. Es schien als wollte die Schildkröte Anna zu einem

Wettschwimmen herausfordern. In einem wilden Spiel begannen die beiden, sich gegenseitig durchs Wasser zu jagen. Die Schildkröte war immer

deutlich schneller als Anna selbst. Doch dies störte sie nicht. Sie hatte Spaß an dem gemeinsamen Spiel und als ihr bald die Luft ausging, verabschiedete sie sich mit einem Winken von ihrem gepanzerten Freund.

Fragen zur Geschichte

Welche Tiere lebten an dem Strand?

a) Krokodile

b) Schildkröten

c) Schnabeltiere

Wie waren sie zum Strand gekommen?

a) Mit dem Auto

b) Mit dem Fahrrad

c) Mit dem Bus

Wer ging mit den Schildkröten tauchen?

a) Nur Anna

b) Anna und Papa

c) Anna, Mama und Papa

Wasserlöwen

Anna lag auf ihrem Handtuch am Strand. Mama und Papa waren kurz losgezogen, um Pommes zu holen. Den ganzen Tag schon hatten sie gemeinsam das Korallenriff beobachtet.

Dann sammelten sie Muscheln und bauten eine beeindruckend große Sandburg. Nun war Anna davon müde und erschöpft vom Herumrennen.

Ein ruhiger Abend war ihr zur Abwechslung sehr willkommen. Doch anscheinend war ihr das nicht vergönnt. Während sie so dalag und sich ausruhte, begann etwas an ihrem Handtuch zu zupfen.

„Papa, nicht", jammerte Anna. Sie war wirklich müde und hatte mittlerweile großen Hunger. Doch es zupfte immer weiter an ihrem Handtuch. Roch es etwa plötzlich nach Fisch? Anna öffnete die Augen. In ihre Augen starrten nun zwei große, schwarze Augen zurück. Ein Blick auf die dunkelbraune Farbe des Tieres verriet alles. Anna hatte es

hier mit einem ausgewachsenen Seelöwen-Männchen zu tun. Erneut kramte sie in ihrem Kopf, dann fiel es ihr ein. Männchen können nicht nur bis zu 2,5 Meter groß werden, sie brachten auch um die 300 Kilo auf die Waage. Das waren gute 270 Kilo mehr, als Anna wog.

Etwas unsicher sah sie das Tier weiter an. Es rührte sich nicht. „Willst du etwas essen?", fragte sie zaghaft. Als Antwort gab der Seelöwe einige erfreute Laute von sich.

„Okay, gut. Aber du bleibst hier und ich schaue nach, ok?" Der Seelöwe wiederholte seine Laute. Anna sah in ihrem Rucksack nach. Ein Schokoriegel und ein Toastbrot fand sie dort. Sie nahm beides aus ihrer Verpackung und warf es vorsichtig in den Sand vor den Seelöwen. „Ich weiß nicht, ob du das darfst", sagte Anna, doch da hatte das Tier bereits alles heruntergeschlungen.

Danach bewegte sich der Seelöwe fröhlich aufs Wasser zu. Immer wieder drehte er sich um, den Körper von links nach rechts schwankend und sah auffordernd zu Anna hinüber. Als diese ihm folgte, sah sie im Wasser vier dunkle Augen hervorblitzen. Mit einem Freudenschrei ging sie etwas in die Knie, um näher betrachten zu können, was der Seelöwe ihr zum Dank zeigte. Und aus dem Wasser tapsten zwei kleine Seelöwenbabys. Eine Erfahrung, die Anna wohl nie vergessen wird.

Fragen zur Geschichte

Was holten Mama und Papa?

a) Pizza

b) Pommes

c) Nudeln

Was gab Anna dem Seelöwen?

a) Kekse und Trauben

b) Brot und Bananen

c) Schokolade und Toast

Was zeigte der Seelöwe Anna?

a) Seine Kinder

b) Seine Flosse

c) Seine Frau

Ein neues Zuhause

Es war der vorletzte Tag des Urlaubs, als Anna etwas Interessantes am Meeresboden entdeckte. Gerade hatte sie ihrem Papa demonstriert, wie gut sie bereits mit der neuen Taubermaske schwimmen konnte. Plötzlich fiel ihr etwas auf dem sandigen Boden des Riffs unter ihr auf. Auch ihr Papa schien es gesehen zu haben.

Als sie sich nach unten streckte, um besser sehen zu können, war ihr Vater schon dort. Auf dem Boden befand sich ein kleiner Krebs. Anna erkannte das niedliche Geschöpf sofort.

Es handelte sich hierbei um einen Einsiedlerkrebs. Das besondere an diesen Krebsen ist, dass sie regelmäßig ihr Haus wechseln. Einsiedlerkrebse leben in den Häusern von großen Schnecken, wenn diese sie nicht mehr benötigen. Wächst ein Einsiedlerkrebs, so benötigt er ein neues Zuhause, weil das alte mit der Zeit zu klein geworden war. Interessiert schwamm Anna näher

heran. Der kleine Krebs ließ sich nicht weiter von ihr beirren. Und als sie sich umsah, erkannte sie, dass die Krebse in Scharen unterwegs waren. War es schon so weit? Benötigten die kleinen Krebse etwa alle neue Häuser? Sie folgte den Krebsen, bis der Strand in Sicht war. Und da geschah es tatsächlich.

Viele Krebse gingen an den Strand und begannen sich aus ihren alten Häusern zu lösen und neue Heime zu beziehen. Anna beobachtete den kleinen Kerl, den sie unter Wasser angetroffen hatte.

Als alle Krebse ein neues Zuhause gefunden hatten, blieb er allein zurück. Annas Herz pochte schneller. In Windeseile stieg sie aus dem Wasser. Dabei stolperte sie beinahe über ihre

Schwimmflossen, lief aber unbeirrt weiter. Schnell suchte sie den Strand ab, bis sie ein ausreichend großes Haus für den kleinen Krebs gefunden hatte.

Mit einem wunderschönen und großen Schneckenhaus in der Hand näherte sie sich vorsichtig dem kleinen Krebs. Seine lustigen Augen sahen sie etwas erschrocken an. Doch als Anna ihm das Häuschen in den Sand legte, ließ er keine Zeit verstreichen und zog direkt ein. Anna winkte ihm nach. Beinahe hatte sie das Gefühl, dass sich der kleine Krebs noch einmal zum Abschied herumdrehte, bevor er zurück im Wasser verschwand. Anna war glücklich.

Fragen zur Geschichte

Worin leben Einsiedlerkrebse?

a) In alten Muscheln

b) In alten Pflanzen

c) In alten Schneckenhäusern

Warum wechseln sie oft ihre Häuser?

a) Weil die Häuser zu klein werden

b) Weil die Häuser kaputt gehen

c) Weil die Häuser nass werden

Was suchte Anna am Strand?

a) Eine schöne Muschel

b) Ein geeignetes Schneckenhaus

c) Eine große Pflanze

Gefährlicher Tauchgang

Es war Annas vorletzter Tag in Australien. Selbstverständlich wollte sie diesen Tag besonders ausgiebig nutzen. Und so entschlossen sie und ihre Eltern sich, einen Tauchgang im tiefen Meer zu unternehmen. Als sie am Zielort angekommen waren, sah Anna hinunter ins Wasser. Hier war es sehr tief und das Wasser wirkte dunkel und undurchsichtig, was ihr nicht gefiel.

Doch da alle anderen auf dem Boot sich schon bereit machten zu tauchen, tat Anna es ihnen gleich. Im Wasser angekommen tauchte Anna langsam hinunter.

Tatsächlich konnte sie den Boden kaum erkennen. Es war einfach zu dunkel. So entschloss sie sich, etwas tiefer zu tauchen. Dicht hinter ihr schwamm ihre Mama. Anna liebte das Meer. Doch sie mochte es nicht allzu sehr, wenn sie kaum etwas erkennen konnte. Plötzlich geschah das, wovor Anna sich am meisten fürchtete. Zuerst schoss ein

Schwarm bunter, glitzernder Fische dicht an ihr vorbei. Verwundert über deren Eile ging sie davon aus, dass einer der Taucher sie aufgeschreckt

haben musste. Doch als sie etwas am Bein packte und nach hinten zog, wusste sie es. Voller Panik drehte Anna sich herum.

Zu ihrer Erleichterung blickte sie nicht auf die Zähne eines Haifisches, sondern in das liebe Gesicht ihrer Mutter. Ihre Mutter deutete mit den Armen nach oben zum Boot.

Anna sah, wie auch die anderen Taucher zurück zum Boot schwammen, als sie ihrer Mutter zügig an die Wasseroberfläche folgte. Als sie sicher wieder an Deck waren, sagte ihre Mama, dass sie einen großen weißen

Hai weit entfernt im Wasser gesehen hatte. Die anderen Taucher hatten den riesigen ausgewachsenen Haifisch auch in der Ferne gesehen. Normalerweise

greifen Haie keine Menschen an, aber zur Sicherheit schwimmt man lieber schnell davon. Von dem Boot aus hielten alle Ausschau nach dem Hai, doch niemand konnte ihn mehr entdecken. Wahrscheinlich war er in die Tiefsee abgetaucht. Noch Jahre später würde Anna erzählen, was sie dazu trieb, eine Meeresforscherin zu werden, die sich auf Haie spezialisierte.

Fragen zur Geschichte

Warum mochte Anna die Tiefsee nicht?

a) Es war ihr zu warm

b) Es war ihr zu kalt

c) Es war ihr zu tief und zu dunkel

Wer packte sie am Bein?

a) Ein Krebs

b) Ihre Mama

c) Ihr Vater

Was hatten die Taucher gesehen?

a) Einen Haifisch

b) Einen Oktopus

c) Einen Wal

Abschied

Anna stand mit gesenktem Kopf am Strand. Als wäre dies nicht traurig genug, regnete es erneut. Mit Tränen in den Augen sah sie auf das Meer hinaus. Sie wollte nicht zurück. Nicht zurück in die laute Stadt ohne Meer. Ohne Fische. Ohne Delfine. Eine Hand legte sich auf ihre Schulter und Anna sah unter ihren mit Tränen verhangenen Augen hoch.

Ihr Papa stand neben ihr. „Du magst noch nicht gehen, oder?", fragte er ruhig. Anna nickte traurig. Annas Tauchermaske, welche sie eigentlich bereits ins Gepäck gelegt hatte, landete plötzlich vor ihren Füßen im Sand.

„Sehr gut, denn wir müssen uns noch vom Meer verabschieden", sagte ihr Vater grinsend. Anna war dankbar. Zwar konnte es ihren Schmerz nicht komplett lindern, doch sie war froh, noch einmal ins Wasser zu dürfen. Sie rannten über den Strand und schwammen bis zum Riff. Anna tauchte

ab. Ihr Vater folgte ihr. Gemeinsam schwammen sie an den bunten Korallen entlang. Hier sah sie noch einmal den Oktopus. Ein wenig weiter tanzten die

Clownfische um ihre Anemone herum. Putzmunter und ohne Draht an den Flossen. Anna war stolz, ihnen geholfen zu haben.

Weiter hinten tanzten die Seepferdchen aufgeregt umeinander herum. „Was für ein schöner Tanz zum Abschied," dachte Anna. Darunter lief ein kleiner Einsiedlerkrebs mit einem neuen Häuschen auf sie zu.

Sie lächelte ihn an, bevor ihr Vater sie hinter das Riff führte. Aus einiger Entfernung sah sie, wie die Seelöwen mit den Delfinen um die Wette schwammen. Als sie sich umdrehte, sah sie eine Gruppe Schildkröten, die gemeinsam ins Meer hinauszogen. Der Abschied von Australien tat Anna weh. Noch im Flugzeug erzählte sie das ihrer

Mama. „Erinnerst du dich an den Fisch, den du vom Draht befreit hast, Liebling?", fragte ihre Mutter sie nach einer kleinen Pause. Anna nickte. „Für

dich wird es eine Erinnerung sein. Doch das Leben des kleinen Fisches hast du für immer verändert. Und bald kommst du zurück und wirst noch mehr für immer verändern." Anna dachte noch lange über das nach, was ihre Mutter ihr sagte. Sie war voller Vorfreude auf die kommenden Urlaube mit ihren Eltern. Und sie war mächtig stolz, dass sie schon so viel erreicht hatte.

Fragen zur Geschichte

Wie fühlte sich Anna am letzten Tag?

a) Sie war glücklich

b) Sie war traurig

c) Sie war sauer

Was schlug ihr Vater vor?

a) Einen letzten Tauchgang

b) Eine letzte Fahrradtour

c) Eine letzte Bootsfahrt

Wie kamen sie wieder nach Hause?

a) Mit dem Auto

b) Mit der Bahn

c) Mit dem Flugzeug

Erstlesebücher
1. Klasse

 Alle Bücher findest du hier ⟶

Printed in Germany
by Amazon Distribution
GmbH, Leipzig

29616328R00070

Hey,
wie hat dir das Buch gefallen?
Wir freuen uns von dir oder
deinen Eltern zu hören.

Emma, 7 Jahre

Eine Hauptfigur aus dem Buch
"Willkommen auf Reiterhof Hufnagel"

 feedback@thier-media.de

@thier_media

@Thier Media Verlag

www.thier-media.de